ТЕОРІЯ ІГОР

Мистецтво стратегічного мислення

ТЕОРІЯ ІГОР

Мистецтво стратегічного мислення

написаний Jean Blaise Mimbang
перекладено Yaroslav Melnik

ТЕОРІЯ ІГОР

КЛЮЧОВА ІНФОРМАЦІЯ

- **Імена:** Теорія ігор, теорія стратегічної поведінки, теорія інтерактивних рішень.

- **Застосування:** Обґрунтування соціальних законів і норм з метою підтримки співпраці всередині групи; прийняття політичних рішень; розуміння співвідношення сил на переговорах; інструмент аналізу конфліктів; інструмент формування довіри всередині групи; застосування в логіці та теорії множин; застосування в економіці, біології, інформатиці та теорії еволюції.

- **Причини її ефективності:** Теорія ігор є чудовим інструментом для переговорів, оскільки вона спонукає нас замислитися над складністю соціальних взаємодій і демонструє це:

  - люди, компанії та країни є взаємозалежними;

  - взаємодія вигідна для вирішення спільних проблем;

  - Співпраця не є легкою для реалізації;

  - у деяких випадках, коли кожна особа діє у власних інтересах, спільний інтерес може бути не досягнутий;

  - Існують різні способи здійснення стратегічного вибору в ситуації співробітництва.

- **Ключові слова:**

  - <u>Взаємодія</u> – колективна дія, в якій гравець виконує дію або приймає рішення під впливом іншого гравця.

  - <u>Стратегія</u>: повна специфікація поведінки гравця в будь-якій ситуації, в якій він повинен грати.

ВСТУП

Щодня всі агенти (тварини, фізичні та юридичні особи або економічні агенти, включаючи політиків, споживачів, роботодавців та виробників) та спільноти (спортивні команди, країни, армії тощо) взаємодіють один з одним при прийнятті рішень. Ці взаємодії можуть варіюватися від співпраці до конфлікту.

Сфера застосування теорії ігор дуже широка, і її можна знайти в таких різноманітних сферах, як міжнародні відносини, економіка, політологія, філософія та історія, серед інших. Ця теорія розробляє інструменти для аналізу поведінки (економічної, соціальної тощо) у вигляді стратегічних ігор.

Історія

Перші дослідження стратегічних ігор відносяться до епохи Відродження. Однак лише в $^{19\text{-}20}$ століттях теорія на цю тему була по-справжньому формалізована. До теоретиків ігор тієї епохи належать, зокрема, математики та економісти Антуан Огюстен Курно, Еміль Борель, Джон фон Нейман, Оскар Моргенштерн та Джон Форбс Неш, чий внесок буде більш детально розглянутий у наступному розділі.

👁 Корисно знати: Ренесанс

Це був європейський рух, що охоплював період від пізнього Середньовіччя до раннього Нового часу. Він характеризувався зміною менталітету в літературній, художній та науковій сферах, а також поширенням знань серед науковців. Ренесанс розпочався в Італії і поширився по всій Європі, починаючи з 16 століття.

Визначення моделі

Теорія ігор вивчає наслідки стратегічної взаємодії між раціональними агентами (гравцями), які переслідують власні унікальні цілі, в чітко визначених рамках. Ці взаємодії включають переговори, конкуренцію, взаємодопомогу, надання товару або послуги, серед іншого, тобто всі можливі дії, які призведуть до результату. Результатом є виграш, позитивний або негативний, для кожної особи, яка брала участь у грі.

Мета цієї теорії – показати, що люди, компанії і навіть країни взаємозалежні, і в їхніх інтересах знайти баланс, щоб їхня взаємодія була корисною для всіх. Ця теорія також заохочує нас до усвідомлення того, що навіть якщо співпраця не є легкою, краще зрозуміти її, ніж боротися з нею.

ТЕОРІЯ

ТЕОРІЯ ІГОР ТА ЇЇ ФІЛОСОФИ

Початки теорії ігор, строго кажучи, знаходяться в роботах математиків першої половини [19] століття.

Антуан Огюстен Курно

Першим, хто дослідив стратегічні аспекти взаємодії між економічними агентами, був Антуан Огюстен Курно (французький математик, філософ та економіст, 1801-1877). Його книга 1838 року *"Дослідження математичних принципів теорії багатства"* містить початки теорії ігор, яка згодом була розвинута у 1950-х роках. Він аналізує різні форми конкуренції в дуополії (ринок з двома конкуруючими продавцями) і в специфічному контексті рівноваги Неша (між виробниками), для якої він дає перші формулювання.

 **КОРИСНО ЗНАТИ: *ДОСЛІДЖЕННЯ МАТЕМАТИЧНИХ ПРИНЦИПІВ ТЕОРІЇ БАГАТСТВА*, 1838 Р.**

Хоча вона була повністю проігнорована, коли була вперше опублікована, ця книга вийшла з невідомості завдяки роботі Джона Форбса Неша (американський економіст і математик, 1928-2015 рр.) з теорії повторних ігор у 1950 році. Сьогодні конкуренція Курно є моделлю, що базується на аналізі недосконалої конкуренції в промисловій економіці.

Френсіс Ісідро Еджворт

У той час як Курно аналізував стратегічну взаємодію між двома виробничими компаніями, англо-ірландський економіст і юрист Френсіс Ісідро Еджуорт (1845-1926) розширив ці міркування і застосував модель до випадків економіки без виробництва. У праці "*Математична фізика: Нарис застосування математики до моральних наук*" (1881) він розробив інструмент для представлення взаємодії між двома невиробничими економічними агентами: "ящик Еджуорта". Ця книга ознаменувала впровадження математики в економіку.

КОРИСНО ЗНАТИ: ЯЩИК ЕДЖВОРТА

Це вікно дозволяє проаналізувати можливості розподілу ресурсів між двома суб'єктами, а також перевірити, чи є цей розподіл ідеальним за критерієм оптимальності за Парето, тобто чи можна покращити становище одного суб'єкта, не погіршуючи становище іншого.

Ернст Фрідріх Фердинанд Зермело

У сучасній літературі з теорії ігор загальновизнано, що перша формальна теорема теорії ігор була отримана Ернстом Фрідріхом Фердинандом Цермело (німецький математик, 1871-1953) у 1913 році. Ця теорема була підхоплена багатьма авторами та інтерпретована кількома різними способами. Версія Маса Колелла та ін. від 1995 року по суті стверджує, що в будь-якій досконалій інформаційній (кожен гравець знає всі стратегії та функції виграшу всіх інших гравців) фіксованій грі (де кількість раундів відома заздалегідь) існує рівновага, яка згодом стане відомою як рівновага Неша.

Рівновага Неша складається з чистих стратегій – послідовностей дій, які гравець, як відомо, обирає кожного разу, коли він, ймовірно, буде грати – і отримується за допомогою зворотної індукції. Це передбачає визначення оптимальних стратегій гравців в останньому раунді гри. Іншими словами, ми міркуємо, повертаючись від останнього раунду гри до першого, визначаючи найкращі стратегії гравців на кожному етапі гри. Ця концепція буде проілюстрована пізніше.

Еміль Борель

Якщо всі попередні роботи дозволяли розв'язувати прості ігри (тобто ігри з чистими стратегіями), то робота французького математика Еміля Бореля (1871-1956) знаменує собою переломний момент у розвитку теорії ігор, починаючи з 1921 року. У IV томі своєї книги *"Договір обчислення ймовірностей та його застосування"* (1924-1934) автор вводить ймовірності в азартних іграх і рекомендує теорему про мінімакс для ігор з нульовою сумою, де виграш одного гравця означає програш іншого. У цій же книзі автор також розрізняє дві різні категорії азартних ігор:

- До першої відносяться ігри, в яких особистість гравця та рівень його майстерності не відіграють жодної ролі.

- Друга відповідає іграм, де має вплив як удача, так і навички гравця. Ця категорія має схожість з економічними явищами.

👁 КОРИСНО ЗНАТИ: ТЕОРЕМА ПРО МІНІМАКС, АБО ФУНДАМЕНТАЛЬНА ТЕОРЕМА ТЕОРІЇ ІГОР ДВОХ ГРАВЦІВ

Ця теорема була викладена Емілем Борелем у 1921 році, але перше повне доведення було зроблено лише через кілька років (1928 рік) американським математиком Джоном фон Нейманом. Борель стверджував, що в некооперативній грі (грі, в якій всі стратегічні можливості, доступні гравцям, визначені) між двома гравцями, з досконалою інформацією, з заданою кількістю чистих стратегій і нульовою сумою (виграш одного гравця дорівнює програшу іншого), існує принаймні рівновага, коли жоден з гравців не має стимулу відхилятися від своєї змішаної стратегії (розподіл ймовірностей чистих стратегій гравців).

Ця теорема є дуже важливою в теорії ігор, оскільки дає раціональний метод прийняття одночасних рішень в умовах конкуренції (гра з нульовою сумою).

Джон фон Нейман та Оскар Моргенштерн

Теорія ігор як повноцінна дисципліна виникла у 1944 році під впливом американського математика Джона фон Неймана (1903-1957) та німецького економіста Оскара Моргенштерна (1902-1977). Разом вони написали книгу

"Теорія ігор та економічна поведінка", яка сприяла вражаючому розвитку цієї дисципліни, особливо стосовно поведінки людини. У цій книзі автори запропонували рівноважний розв'язок для окремого випадку гри з нульовою сумою. Наприклад, шахи – це гра, в якій беруть участь два гравці і яка має ту особливість, що виграш одного гравця відповідає програшу іншого.

Джон Форбс Неш та його наступники

Робота американського економіста і математика Джона Форбса Неша зміцнила фундамент теорії ігор у 1950 році. Він запропонував рівноважний розв'язок для ігор з ненульовою сумою. Для цього він взяв за основу ідеї роботи Курно 1838 року і розробив теорію некооперативної рівноваги для ігор зі змінною сумою. Ця теорія узагальнила рішення, запропоноване в 1944 році фон Нейманом і Моргенштерном.

У 1965 році німецький економіст Райнхард Зельтен (1930-2016) зробив свій внесок у цю сферу, ввівши поняття досконалої рівноваги підгри.

Аналогічно, угорсько-американський економіст Джон Чарльз Харсані (1920-2000) зробив значний внесок у теорію ігор своїм детальним аналізом ігор з неповною інформацією, відомих як байєсівські ігри. Він також популяризував саму теоретичну концепцію рівноваги Неша у великій статті, опублікованій у 1967 році.

Нарешті, канадський математик Дональд Брюс Гілліс (1928-1975) систематизував загальну рівновагу, взявши за відправну точку ящик Еджворта.

Починаючи з 1970-х і 1980-х років, теорія ігор зазнала значного розвитку в рамках математики. Зараз вона є галуззю як економіки, так і математики, хоча, як зазначалося вище, вона також може бути застосована до низки соціальних, медичних, політичних та економічних проблем.

Доказом важливості цієї дисципліни є те, що в останні роки кілька теоретиків ігор були удостоєні Нобелівської премії з економіки:

- Джон Чарльз Харсані, Джон Форбс Неш та Райнхард Зельтен у 1994 році;

- Американський економіст Томас Шеллінг (1921-2016) та ізраїльський економіст Роберт Ауманн (1930 р.н.) у 2005 році;

- Американські економісти Ллойд Шеплі (1923-2016) та Елвін Рот (1951 р.н.) у 2012 році.

ПРЕЗЕНТАЦІЯ ТЕОРІЇ ІГОР

Гіпотези, які підтримують теорію ігор, полягають у наступному:

- раціональність агентів (гравців), яка спонукає їх до досягнення найкращого для себе рішення, вимірюється так званою корисністю;

- кожен гравець знає всі стратегії та функції виплат всіх інших гравців (повна інформація);

- всі учасники приймають найкращі для себе рішення з метою максимізації своєї корисності (у випадку фізичних осіб) або прибутку (у випадку підприємств), знаючи, що інші роблять те ж саме;

- вибір, зроблений у минулому, відомий усім учасникам.

Ігрові формальності

Стратегічна гра характеризується набором ігрових правил, які визначають:

- Гравці.

- Стратегії (дії або рішення).

- Послідовність прийняття рішень (хід гри).

- Виграш або корисність гравців (залежно від їх стратегій). Корисність не є мірою матеріальної, грошової або іншої вигоди, а суб'єктивною мірою задоволення гравців.

- Інформація, якою володіють гравці. Ця інформація може бути повною (досконалою) або неповною (недосконалою).

Види ігор

Існує багато видів ігор:

- ігри з нульовою сумою або строго конкурентні ігри з ненульовою сумою;

- ігри з одночасними рішеннями або послідовними рішеннями;

- кооперативні або некооперативні ігри;

- ігри для двох гравців або ігри з більш ніж двома гравцями;

- досконалі інформаційні ігри або недосконалі інформаційні ігри;

- статичні ігри (один раунд), фіксовані ігри (кілька раундів) або нескінченні ігри.

Типи стратегій

- <u>Чиста стратегія</u>: послідовність дій, яку гравець, як відомо, обирає кожного разу, коли він грає.

- <u>Змішана стратегія</u>: розподіл ймовірностей чистих стратегій гравця.

- <u>Слабко домінуюча стратегія</u>: стратегія X є слабко домінуючою для гравця Y, якщо існує інша стратегія, X', яка пропонує менший або рівний виграш для гравця Y.

- <u>Стратегія зі слабким домінуванням</u>: стратегія X є слабко домінуючою для гравця Y, якщо існує інша стратегія, X', яка пропонує більший або рівний виграш для гравця Y.

- <u>Строго домінуюча стратегія</u>: стратегія X є строго домінуючою для гравця Y, якщо не існує іншої стратегії, X', яка пропонує строго більший виграш для гравця Y.

- <u>Строго домінуюча стратегія</u>: стратегія X є строго доміну-
  ючою для гравця Y, якщо існує інша стратегія, X', яка про-
  понує строго вищий виграш для гравця Y.

ПРИКЛАДИ ІГОР

Розглянемо наступну гру: два гравці (гравець 1 і гравець 2)
вирішили зіграти один проти одного.

- Стратегії гравця 1: X та Y.

- Стратегії гравця 2: U і V.

- Порядок рішень: гравець 1, потім гравець 2.

- Виграші: Матриця виграшів показана через a та b, де a
  – виграш гравця 1, а b – *виграш* гравця 2.

  - Якщо гравець 1 вибирає X, а гравець 2 вибирає U:

    - Виплата гравця 1: 4

    - Виплата гравця 2: 2

  - Якщо гравець 1 вибирає X, а гравець 2 вибирає V:

    - Виплата гравця 1: 3

    - Виплата гравця 2: 1

  - Якщо гравець 1 вибирає Y, а гравець 2 вибирає U:

    - Виплата гравця 1: 2

    - Виплата гравця 2: 5

  - Якщо гравець 1 вибирає Y, а гравець 2 вибирає V:

    - Виплата гравця 1: 9

    - Виплата гравця 2: 0

Якщо прийняти гіпотезу, що обидва гравці володіють повною інформацією, то можливі два способи представлення цієї гри:

- Екстенсивна форма, краще підходить для ігор з послідовним прийняттям рішень

- Стратегічна форма, краще підходить для статичних ігор з одночасним прийняттям рішень

Кожній екстенсивній формі відповідає стратегічна гра, в якій гравці обирають свої стратегії одночасно. З іншого боку, стратегічній грі може відповідати багато різних екстенсивних форм.

Послідовне усунення домінуючих стратегій

Для того, щоб визначити, які стратегії будуть грати як гравець 1, так і гравець 2, нам необхідно визначити домінуючі стратегії кожного з гравців.

Гравець 2

- якщо гравець 1 обирає X, то найкращим вибором для гравця 2 є U, оскільки при такому виборі його виграш становитиме 2 (порівняно з 1, якщо він обирає V);

- якщо гравець 1 обирає Y, то найкращим вибором для гравця 2 є U, оскільки при такому виборі його виграш становитиме 5 (порівняно з 0, якщо він обирає V).

Для гравця 2 стратегія U чітко домінує над стратегією V, оскільки вона пропонує гравцю 2 кращий виграш в обох ситуаціях.

Якщо виключити стратегію V гравця 2 (строго домінуючу, оскільки він програє, що б не сталося), то гру можна представити наступним чином:

Гравець 1

Враховуючи, що гравець 2 обирає свою строго домінуючу стратегію U, найкращим вибором для гравця 1 є X, оскільки при такому виборі його виграш становитиме 4 (порівняно з 2, якщо він обирає Y).

Для гравця 1 стратегія X є домінуючою, оскільки вона пропонує кращий виграш.

Усунувши домінуючу стратегію гравця 1 (ту, при якій він програє найбільше), гру можна представити наступним чином:

Ситуація X, U відповідає рівновазі Неша.

Рівновага Неша

Рівновага Неша — це ситуація, в якій жоден з гравців не бажає змінювати свою стратегію у світлі стратегій, обраних іншими гравцями. Оскільки вони діють стратегічно, кожен гравець буде діяти найкращим чином відповідно до стратегій інших гравців.

Рівновага Неша визначається шляхом ітеративного (послідовного) виключення домінуючих стратегій, оскільки ці стратегії ніколи не використовуються гравцями (в силу їх раціональності).

У нашому прикладі рівновага Неша відповідає стратегіям:

* X для гравця 1
* U для гравця 2.

Відповідні виплати є наступними:

- гравець 1 виплата: 4

- гравець 2 виплата: 2.

КОРИСНО ЗНАТИ: УСУНЕННЯ ДОМІНУЮЧИХ СТРАТЕГІЙ

Гра може бути розв'язана шляхом ітеративного виключення домінуючих стратегій, залишаючи в кінці процесу тільки одну стратегію (унікальний профіль) для кожного гравця. Рівновага Неша складається з отриманих таким чином стратегій.

Рівновага, досягнута шляхом послідовного усунення (строго) домінуючих стратегій, не залежить від порядку усунення цих стратегій. З іншого боку, інша рівновага може бути отримана шляхом усунення слабко домінуючих стратегій. Рівновага Неша, отримана шляхом послідовного виключення строго домінуючих стратегій, є більш стійкою, ніж рівновага, отримана шляхом ітеративного виключення слабко домінуючих стратегій.

У деяких випадках гру не вдається вирішити.

Оптимальність за Парето

Гра чистих стратегій може мати декілька рівноваг Неша або взагалі не мати жодної. У цьому випадку проблема полягає в тому, як вибрати одну конкретну рівновагу.

Оптимальність за Парето показує, що стратегія профілю A домінує над стратегією профілю B, якщо A є строго кращою для всіх гравців.

ПРИЄМНО ЦЕ ЧУТИ: РІВЕНЬ БЕЗПЕКИ

Рівень безпеки стратегії гравця визначається як мінімальний виграш, який може принести стратегія, незалежно від вибору інших гравців. Рівень безпеки X гравця Y є максимальним рівнем безпеки стратегій гравця Y.

У випадку з нашим прикладом:

рівень безпеки стратегії X гравця 1 дорівнює 3;

рівень безпеки стратегії Y гравця 1 дорівнює 2;

рівень безпеки стратегії U гравця 2 дорівнює 2;

рівень безпеки стратегії V гравця 2 дорівнює 0.

Таким чином, рівень безпеки гравця 1 становить 3, а гравця 2 – 2.

Змішані стратегії

Стратегії, визначені та використані до цього часу, є чистими стратегіями (варіантами, доступними для гравців).

Як пояснювалося вище, змішана стратегія – це розподіл ймовірностей між усіма чистими стратегіями. Гравці випадковим чином вибирають свої стратегії з певною ймовірністю.

Щоб проілюструвати це, ми можемо взяти гру в попередньому прикладі і припустити, що цього разу гравець 1 випадковим чином грає X і Y з ймовірністю ½ (0,5), і що гравець 2 робить те ж саме.

- Стратегічна форма гри зі змішаною стратегією: у кожному другому випадку (0,5 або ½) гравець 1 обирає стратегію X і в кожному другому випадку (0,5 або ½) обирає стратегію Y. Гравець 2 робить те ж саме.

- Очікувані результати:

  ○ якщо гравець 2 обирає U, то очікуваний виграш гравця 1 становить (0,5 x 4) + (0,5 x 2) = 3;

  ○ якщо гравець 2 обирає V, то очікуваний виграш гравця 1 становить (0,5 x 3) + (0,5 x 9) = 6;

  ○ якщо гравець 1 обирає X, то очікуваний виграш гравця 2 становить (0,5 x 2) + (0,5 x 1) = 1,5;

  ○ якщо гравець 1 обирає Y, то очікуваний виграш гравця 2 становить (0,5 x 5) + (0,5 x 0) = 2,5.

- Рівновага Неша у змішаних стратегіях: Кожен гравець обирає стратегію, яка дозволяє йому максимізувати свій виграш. У рівновазі Неша з нашого прикладу гравець 1 обирає стратегію Y з ймовірністю ½ (0,5), а гравець 2 обирає стратегію V з ймовірністю ½ (0,5). Очікувані виграші для обох гравців становлять 6 для гравця 1 та 2,5 для гравця 2. Тут можна побачити теорему Неша, оскільки будь-яка стратегічна гра має рівновагу Неша для змішаних стратегій.

ДИЛЕМА В'ЯЗНЯ

Кілька концепцій теорії ігор можна вивчити на одному прикладі – дилемі ув'язненого. Перший варіант дилеми ув'язненого був представлений дослідниками з корпорації RAND (відділ досліджень і розробок ВПС США, створений у 1945 році) у 1950 році. Вона допомагає пояснити гонку озброєнь, а також процес ядерного роззброєння.

Історія про дилему в'язня

Двоє злодіїв заарештовані поліцією і допитуються окремо. Поліція переконана, що вони винні, але поки що не має достатніх доказів для винесення тривалого тюремного вироку. Між собою, перед арештом, злодії поклялися не видавати один одного. Поліція, яка понад усе хоче змусити обох чоловіків зізнатися, обіцяє свободу тому, хто заговорить, якщо він буде єдиним, хто це зробить. Звідси виникає дилема: з одного боку, ув'язнені знають, що їм загрожує лише невелике покарання, якщо вони не зізнаються поліції. З іншого боку, кожен з них має індивідуальну спокусу зізнатися у скоєнні злочину, щоб отримати свободу.

Стратегічна форма дилеми в'язня

У цьому випадку два гравці (злодії) мають вибір між двома стратегіями: заперечувати або зізнатися. Кожна клітинка містить виграші для двох гравців. Перша цифра відповідає результату гравця 1, а друга – результату гравця 2. За домовленістю, тут кількість років ув'язнення записана як від'ємне число, тому що вона являє собою втрату корисності. Метою кожного гравця є мінімізація кількості років ув'язнення.

Домінуючі стратегії двох гравців

- Якщо гравець 2 вирішує заперечувати, то в інтересах гравця 1 зізнатися, щоб уникнути року ув'язнення і таким чином вийти на свободу.

- Якщо гравець 2 вирішує зізнатися, то в інтересах гравця 1 зізнатися і провести у в'язниці лише 4 роки замість 5, якщо він буде заперечувати.

- Якщо гравець 1 вирішує заперечувати, то в інтересах гравця 2 зізнатися, щоб уникнути року ув'язнення і таким чином вийти на свободу.

- Якщо гравець 1 вирішує зізнатися, то в інтересах гравця 2 зізнатися і провести у в'язниці лише 4 роки замість 5, якщо він буде заперечувати.

Тут "зізнатися" є домінуючою стратегією для обох гравців. Насправді, що б не вибрав один гравець, інший завжди отримає кращий результат, викривши свого спільника. Це те, що називається рівновагою Неша.

Рівновага Неша дилеми в'язня

Логічним рішенням гри (рівновага Неша) було б, якби кожен з гравців доніс на іншого: тоді кожен з них був би засуджений до чотирьох років ув'язнення. І навпаки, співпрацюючи (обидва мовчать), вони обидва проведуть у в'язниці лише один рік. Дилема ув'язненого ілюструє конфлікт між колективним благополуччям в результаті співпраці та індивідуальними стимулами не робити цього. У ситуації, коли один з двох гравців не впевнений у намірах іншого, в його інтересах, в ім'я індивідуальної раціональності, зробити вибір на користь зізнання, навіть якщо колективний інтерес рекомендує йому заперечувати. Звідси випливає важливість наявності соціальних законів, норм і правил, які передбачають певну співпрацю, але які на практиці нелегко знайти.

ОБМЕЖЕННЯ ТА РОЗШИРЕННЯ МОДЕЛІ

ОБМЕЖЕННЯ ТА КРИТИКА МОДЕЛІ

Обмеження та критика теорії ігор є численними і стосуються самого поняття гри, поняття рівноваги та можливих застосувань цієї теорії.

Концепція гри

Теоретики ігор використовують слово "гра" для позначення будь-якої повної моделі, що складається з переліку осіб (гравців), набору стратегій та виграшів. Термін "гра" означає не символічну діяльність, що виконується заради розваги, а низку обмежень, пов'язаних з певною проблемою.

Поняття рівноваги Неша

У повсякденному житті рівновага зазвичай сприймається як "стан спокою", якого досягають системи, що раніше перебували в русі. Однак теорія ігор використовує слово "рівновага" для опису своєї основної концепції, а саме рівноваги Неша. Ця рівновага досягається тому, що кожен гравець правильно передбачає дії інших гравців. Оскільки вибір робиться одночасно, ідея процесу, що приводить до рівноваги шляхом послідовної модифікації очікувань, в даному випадку не має сенсу. Тому дуже важко думати про "рівновагу", не думаючи про ту чи іншу форму динамізму.

Ми можемо проілюструвати це за допомогою моделі дуополії Курно, яка є попередником рівноваги Неша. У цій відомій моделі недосконалої конкуренції (ринкова структура, яка характеризується тим, що виробники можуть встановлювати ціни, відмінні від цін на ринку), кожен бізнес робить пропозицію, передбачаючи пропозицію іншого. Не знаючи нічого про конкуренцію, суб'єкт господарювання припускає, що після того, як він зробив свій вибір, інший суб'єкт господарювання не змінить своєї думки. Рівновага Курно є такою, що кожен бізнес робить свою пропозицію, точно передбачаючи, що зробить інший. Отже, не тільки не встановлюється динаміка, що веде до рівноваги, але й рівноважне рішення ніколи не буде досягнуто, за винятком окремих випадків, коли підприємство випадково натрапляє на пропозицію іншого підприємства.

Аналогічно, критика може бути поширена і на іншу модель некооперативної рівноваги – дуополію Жозефа Луї Франсуа Бертрана (французький математик та економіст, 1822-1900 рр.), в якій компанії висувають стратегії, засновані на ціні. Зокрема, зрозуміло, що рівновага Неша ніколи не встановлюється, оскільки дві компанії встановлюють однакову ціну, що дорівнює середнім витратам (які вважаються постійними). Оскільки за такої ціни їх прибуток дорівнює нулю, в інтересах обох компаній запропонувати ціну, вищу за витрати, і, таким чином, мати 50% шанс отримати прибуток, який є строго позитивним (а не нульовим). В результаті, жоден з них не обирає рішення, що відповідає рівновазі Неша.

Іншим моментом, який викликає проблему з рівновагою Неша, є той факт, що гравець не може змінити свою стратегію після того, як гра розпочалася. Цей аспект також є обмеженням теорії.

Застосування теорії ігор

Повертаючись до визначення теорії ігор, наведеного вище, слід зазначити, що застосувати цю теорію до реальних життєвих ситуацій дуже складно. Дійсно, практично неможливо знайти приклади ситуацій, які можуть бути пов'язані з дилемою ув'язненого. Насправді, на індивідуальний вибір значною мірою впливає система цінностей, сформована під впливом освіти та культури. Оскільки в повсякденному житті їх неможливо спостерігати, ігрові умови створюються в лабораторії. Тому теорію ігор важко застосувати до реальності, навіть у контексті, який спочатку здається сприятливим для неї (взаємодія).

Нарешті, багато хто, в тому числі французький економіст Бернар Геррієн, вважає, що, як правило, теорія ігор нічого не вирішує і нічого не може запропонувати гравцям. Вона в основному звертає увагу на проблеми, створювані індивідуальним вибором у взаємодії, коли всі припущення моделі задані. Тому з цим інструментом експериментальної економіки слід поводитися обережно.

РОЗШИРЕННЯ ТА СПОРІДНЕНІ МОДЕЛІ

Всі вищезгадані обмеження та критика теорії ігор випливають, насамперед, з того, що вона стосується лише однієї однораундової гри, в якій гравці не співпрацюють. Що ж відбувається, коли гравці співпрацюють, а взаємодії між ними повторюються кілька разів?

Інтуїтивно зрозуміло, що співпраця може виникнути легше в результаті повторної взаємодії. Це називається "повторними іграми". Чому ваш флорист пропонує вам ту ж ціну за хороший букет квітів, коли він міг би подарувати вам букет нижчої якості, який він купив дешевше? Ймовірно, тому, що він сподівається, що Ви повернетеся до нього в майбутньому. Повертаючись в його магазин, ви співпрацюєте як споживач.

Повторні ігри створюють потужний мотив для співпраці. Співпраця в першому раунді заохочує до співпраці в наступному раунді. Такої мотивації не існує в статичних іграх з одним раундом.

Існує два види повторних ігор:

- ті, де кінець відомий достеменно;

- ті, де кінець невідомий.

Ця відмінність є важливою, оскільки вона призводить до різних наслідків з точки зору теорії ігор.

Набір ігор

У цьому типі гри важливим є кінець, який заздалегідь відомий гравцям. Гравці також знають результати попередніх раундів. Рівновага Неша визначається за допомогою так званої зворотної індукції.

На прикладі дилеми ув'язненого, викладеної раніше, можна побачити, що відбувається, якщо гра повторюється певну кількість разів.

В останньому раунді (Т), враховуючи, що гра закінчується, найкращою стратегією для кожного гравця з точки зору індивідуальної раціональності є зізнання (той же результат, що і в статичній грі). Таким чином, встановлюється рівновага Неша (зізнатися, зізнатися, зізнатися).

У раунді Т-1 (передостанньому) ще в інтересах гравців співпрацювати, тому що вони знають, що є ще один раунд. Однак, ми знаємо, що тут співпраця неможлива. Таким чином, в раунді Т-1 також немає ніяких переваг від співпраці, і ми знову знаходимо рівновагу Неша (зізнатися, зізнатися). Те, що вірно в Т-1, вірно і в Т-2, і так далі до першого раунду. Методом зворотної індукції можна показати, що на кожному етапі гравці обиратимуть стратегію "зізнатися". Такий результат можна пояснити тим, що гравці передбачають, що буде відбуватися.

Нескінченні ігри

Існує два типи нескінченних ігор:

- ті, де сторони продовжують грати нескінченно (необмежено в часі);

- ті, більш реалістичні, де гра зупиняється несподівано (випадково).

У випадку множинних ігор можна визначити рівновагу Неша методом зворотної індукції, оскільки достатньо передбачити вибір гравців у раунді T. У нескінченній грі це міркування вже не є справедливим, оскільки існує безліч можливих стратегій, а отже, і множина рівноваг.

Центральний результат теорії ігор, який варто знати, але який ми не будемо демонструвати тут через його складність, полягає в наступному: якщо агенти достатньо терплячі, стратегії, що включають фази взаємного співробітництва, є рівновагами Неша.

Ми можемо спробувати зрозуміти цей центральний результат теорії ігор у світлі дилеми ув'язненого, що повторюється нескінченну кількість разів.

У стані рівноваги можливі три пари стратегій:

- Гравець 1 і гравець 2 завжди обирають зізнання. З огляду на висновки, зроблені в попередніх розділах, ми знаємо, що ця рівновага має обмежену цінність;

- Два гравці домовляються заперечувати. Як тільки один гравець відхиляється від домовленості, інший реагує на це, завжди обираючи зізнання;

- Угода "око за око, зуб за зуб", згідно з якою зізнання одного гравця карається іншим, який зізнається стільки разів, скільки потрібно для заподіяння такої ж шкоди (роки ув'язнення). Таким чином, якщо гравець 1 зізнається, гравець 2 також вирішить зізнатися, щоб не дозволити їм скористатися свободою.

Домовленість, яка видається найбільш достовірною і найбільш вигідною для всіх, – це "око за око, зуб за зуб". Цей результат діє незалежно від того, хто призначає покарання. Таким чином, віра у внутрішню, божественну або земну справедливість може бути фактором координації і стабільності так само, як і загроза опонента. Цікаво відзначити, що якщо обидва гравці раціональні, то вони не відступлять від домовленості і, відповідно, покарання не буде застосовано.

ЗАСТОСУВАННЯ КОНЦЕПЦІЇ: ПОЛІТИЧНИЙ СПЕКТР

Припустимо, що в країні політичні погляди рівномірно розподілені по осі від крайньої лівої до крайньої правої, і що дві партії (А і Б) повинні політично позиціонувати себе на виборах, щоб набрати якомога більше голосів виборців.

Нарешті, припустимо, що партії виходять на політичну арену одна за одною і що виборці голосують за партію, яка найближче відповідає їхнім інтересам.

ВИПАДОК 1

Якщо перша партія (А) позиціонується ліворуч, то друга (Б) також позиціонуватиметься ліворуч, але трохи правіше від першої партії, щоб мати змогу об'єднати частину виборців лівоцентристського, центристського та правого спрямування і таким чином перемогти на виборах.

Друга партія (Б) отримає голоси виборців праворуч від неї, а також половину голосів між нею та першою партією (А) зліва.

КЕЙС 2

Якщо перша партія (А) позиціонує себе праворуч, то в інтересах другої партії (Б) також позиціонувати себе праворуч, але трохи лівіше від першої партії, щоб виграти вибори.

Як і в першому сценарії, партія Б переможе партію А.

Таким чином, обидві партії повинні розташуватися в центрі політичного спектру. Такий результат є далеко не теоретичним, оскільки він досить добре відповідає політичній ситуації, що спостерігається в Сполучених Штатах, де в минулому іноді було важко розрізнити демократів і республіканців.

А ЯКЩО ДОДАТИ ЩЕ ОДНУ ПАРТІЮ?

Тепер припустимо, що дві політичні партії знають, що третя партія (С) має намір увійти до політичного спектру країни.

- Якщо політична ситуація в країні схожа на випадок 1, третя політична партія повинна позиціонувати себе трохи правіше від партії Б, щоб отримати майже половину голосів виборців.

- Якщо політична ситуація в країні схожа на випадок 2, третя партія повинна позиціонувати себе трохи лівіше від партії Б, щоб отримати майже половину голосів.

Щоб уникнути цих двох невигідних ситуацій, коли вони знають, що на арену збирається вийти третя партія, дві перші партії повинні розміститися в центрі електорату праворуч і в центрі електорату ліворуч відповідно. Таким чином, кожна з них отримає половину голосів виборців.

Якщо третя політична партія вирішить вийти на арену, незважаючи на таке позиціонування, вона отримає чверть голосів (2/8), позиціонуючи себе в центрі політичного спектру, тоді як дві інші партії отримають по 3/8 голосів.

У такій ситуації, що виграє третя сторона, виходячи на політичну арену? Сторонній спостерігач, без сумніву, скаже, що ніякого інтересу в цьому немає. Однак ситуація має більше нюансів, адже в деяких країнах таке позиціонування може бути вдалим ходом. У такій політичній системі, як, наприклад, у Бельгії, партія меншості все ж може брати участь в уряді через домовленості з іншими партіями.

РЕЗЮМЕ

- Початки аналізу азартних ігор відносяться до епохи Відродження. Роботи Антуана Огюстена Курно, Френсіса Ісідро Еджуорта, Ернста Фрідріха Фердинанда Зермело та Еміля Бореля активно сприяли визначенню цієї теорії.

- Народження дисципліни датується 1944 роком, коли був опублікований основоположний текст *"Теорія ігор та економічної поведінки"* Джона Форбса Неша, Джона фон Неймана та Оскара Моргенштерна.

- Поняття "рівноважний розв'язок для ігор з нульовою сумою" було висунуто Нешем у 1950 році, а "досконала рівновага в підіграх" була запропонована Рейнхардом Зельтеном у 1965 році. Чарльз Харсані популяризував концепцію рівноваги Неша в 1967 році, і в тому ж десятилітті Дональд Брюс Гілліс запропонував систематизацію загальної рівноваги. Починаючи з 1970-х і 1980-х років, теорія ігор зазнала значного розвитку, а ряд теоретиків отримали визнання (Нобелівська премія з економіки).

- Окрім того, що теорія ігор є чудовим інструментом у переговорах, її основна мета — показати, що окремі люди, компанії та країни взаємозалежні і що взаємодія вигідна для вирішення спільних проблем. Вона також показує, що співпрацю нелегко реалізувати, і в деяких випадках краще домовитися, ніж сперечатися.

- Сфера застосування теорії ігор неймовірно велика, і її можна спостерігати на щоденній основі, особливо в політичному спектрі.

- Обмеження та критика теорії ігор зосереджені на концепції гри (неправильне використання термінології, оскільки в даному випадку вона використовується для позначення набору обмежень, пов'язаних з проблемою, а не приємною діяльністю), рівноваги Неша (оскільки не існує динамічного процесу, що веде до рівноваги) та застосувань моделі (практично неможливо знайти застосування в реальному житті).

- Оскільки критики теорії ігор в основному зосереджуються на тому, що вона обмежується однораундовими, простими іграми, в яких гравці не співпрацюють, теоретики ігор доповнили модель повторюваними іграми (множинними та нескінченними), які спонукають гравців до більш охочої співпраці.

- Хоча теорія ігор не може бути застосована до всіх аспектів життя суспільства, вона корисна в медицині, політиці, військовій стратегії та економіці. Вона спонукає нас замислитися над складністю соціальних взаємодій, що дозволяє нам розглядати події в перспективі.

ЧИТАТИ ДАЛІ

БІБЛІОГРАФІЯ

Сайт "*Архіви-аверси*":

http://hal.archives-ouvertes.fr/

Davis, M. (1974) *Introduction à la théorie des jeux*. Paris: Armand Colin.

Сайт *Encyclopédie Universalis:*

http://www.universalis.fr/

Фрідман, Дж. (1990) *Теорія ігор із застосуванням до економіки*. Оксфорд: Oxford University Press.

Gabszewicz, J. (1970) *Théorie du noyau et de la concurrence imparfaite*. Louvain: Recherches Économiques de Louvain. Том 36, с. 21-37.

Жиро, Ж. (2000) *La Théorie des jeux*. Paris: Flammarion.

Сайт "*Le Monde*":

http://www.lemonde.fr/

Мулен, Х. та де Поссель, Р. (1979) *Основи теорії ігор*. Paris: Hermann.

Ponssard, J.-P. (1977) *Logique de la négociation et théorie des jeux*. Paris: Éditions d'Organisation.

Сміт, Дж. М. (2002) *Еволюція і теорія ігор*. Кембридж: Cambridge University Press.

Тезе, Ж. Ф. (2004) *Théorie des jeux : une introduction*. Louvain-la-Neuve: Université catholique de Louvain.

Tirole, J. (1985) *Concurrence imparfaite*. Paris: Economica.

Йилдизоглу, М. (2011) *Вступ до теорії ігор. Manuel et exerci-ces corrigés*. Paris: Dunod.

ДОДАТКОВІ ДЖЕРЕЛА

Кун, Г. (2003) *Лекції з теорії ігор*. Принстон: Princeton University Press/

Сорін, С. (2002) *Перший курс з повторюваних ігор з нульовою сумою*. Берлін: Springer-Verlag.

Спанієль, В. (2011) *Теорія ігор 101: повний підручник.* Незалежна видавнича платформа CreateSpace.

Талвалкар, П. (2014) Радість *теорії ігор: Вступ до стратегічного мислення.* Незалежна видавнича платформа CreateSpace.

Майстер ISBN : 9782808601245
Паперовий ISBN : 9782808602693
Юридичний депозит: D/2022/12603/270

Цифровий дизайн: Primento,
цифровий партнер видавництва.